马克思研究丛书之三

马克思的伦理概念

〔德〕亨利希·库诺 著
朱应祺 朱应会 译

中央编译出版社
CCTP Central Compilation & Translation Press

图书在版编目 (CIP) 数据

马克思的伦理概念 /(德)亨利希·库诺著;
朱应祺，朱应会译 .-- 北京：中央编译出版社，2022.5
(马克思研究丛书)
ISBN 978-7-5117-4037-3

I. ①马… II. ①亨… ②朱… ③朱… III. ①马克思
主义—伦理学—研究 IV. ① A811.63

中国版本图书馆 CIP 数据核字（2021）第 225646 号

马克思的伦理概念

责任编辑 张 科
责任印制 刘 慧
出版发行 中央编译出版社
地　　址 北京市海淀区北四环西路 69 号（100080）
电　　话（010）55627391（总编室）　（010）55627362（编辑室）
（010）55627320（发行部）　（010）55627377（新技术部）
经　　销 全国新华书店
印　　刷 北京文昌阁彩色印刷有限责任公司
开　　本 710 毫米 ×1000 毫米 1/16
字　　数 51 千字
印　　张 7.25
版　　次 2022 年 5 月第 1 版
印　　次 2022 年 5 月第 1 次印刷
定　　价 2888.00 元（全 9 册）

新浪微博：@ 中央编译出版社　　**微　　信：**中央编译出版社（ID：cctphome）
淘宝店铺：中央编译出版社直销店（http://shop108367160.taobao.com）（010）55627331

本社常年法律顾问：北京市吴栾赵阎律师事务所律师　闫军　梁勤
凡有印装质量问题，本社负责调换，电话：（010）55626985

馬克斯研究叢書之三

馬克斯的倫理概念

朱應祺
朱應會 合譯

上海泰東圖書局印行

1928

馬克斯的倫理概念

譯者小引

本叢書譯自德人柯諾氏（Heinribe Cunow.）所著「馬克斯的歷史，社會及國家理論」(Die Marxche Geschichts,—Gesellschafts und Staatstheorie)的第二卷第九章，原名「馬克斯主義與倫理」（Marxismus und Ethik.）

柯諾氏根據馬克斯的唯物史觀，說明道德法則，沒有永久性，並由人類學人種學及民族學上引出種種實例，如原始人的「殺子」「殺父母」等，都歸結於生活困難，以論證道德法則是隨着生活條件的變遷而變化的。又對於康德所主張「永久的最高道德原理」加以批駁，斥指新康德派以康德倫理學來補足馬克斯主義的理論之不徹底；因此，我們可以明白康德倫理學的實體和馬克斯倫理學的真諦，而且爲什麼康德和馬克斯兩人是絕對不能相容。這種新倫理觀的著作品除了考茨基所著的「倫理學與唯物史觀」（Ethik und

Materialistische Geschichtsauffassung.) 之外我們再不能找出第二本來。所以把他譯出，做爲馬克斯研究叢書的第三種。

中華民國十七年五月，譯者識於申江。

馬克斯的倫理概念總目次

馬克斯的倫理概念細目

等一章　道德的根本法則有永久性嗎

恩格斯氏反駁雕林氏（Eugen Duehring）的主張——馬克斯及恩格斯對於永遠的最高道德原理之觀察——羣居動物社會的道德性——原始人類社會的道德性——道德和道德觀是怎樣發生的——道德哲學者的見解大半是錯誤的究是什麼緣故——道德是由社會生活條件所發生的——舊有道德觀之歷史的和批評的淺說——由「神的命令」「神的創造」及「神所賜與的道德的天性」變爲「生來的道德本能」「人類內部的道德觀念」及「自然的道德感情」——這些概念都不是永久的獨立的是因社會生活條件而變動的，就是把由一定的歷史生活所發生的道德概念爲普遍的——假托道德感官能力的道

德哲學者也有同樣的錯誤

第二章　普遍妥當的道德原理成立的主要動機

道德哲學者爲什麼要創立普遍妥當的道德原理呢——普遍妥當的道德原理的基礎問題是道德哲學者最苦心的問題——康德（Kant）氏在超越的不可認識的「叡智界」去求普遍妥當性的道德原理基礎是什麼理由——康德於其著「道德哲學的基礎」上面所表現的「道德法則」和他的理性基礎——道德評價上最高標準律的道德根本法則「最高命令」——康德諸著作中所表現的爲價值判斷標準的（最高命令）——康德諸著作中所表現的價值判斷標準的最高命令公式——關於適用該公式時公式內容的變更

第三章　馬克斯與道德哲學（道德的形而上學）

馬克斯恩格斯對於普遍妥當的道德原理之態度——道德性永遠的根本原則

沒有存在時道德概念也是相對的並且跟著社會生活關係的變遷而變化——恩格斯對於雕林的駁論——假借康德倫理學來補足馬克斯主義完全是無意義的——康德與馬克斯——馬克斯的道德觀是什麼呢——由社會生活條件發生的道德習慣是第一次的又是有妥當性的——道德的習慣可以化作「行為規律」——「普通行為」變為「強制行為」——義務感情倫理的價值判斷及刑罰——邊沁（Bentham）及詹姆士穆勒（James Mill）的誤謬——道德及倫理之經濟的社會的基礎

第四章　差恥感情的的起源

關於道德道德觀的構成及變革的觀察（其一）

裸體與羞恥感情——關於羞恥感情的起源諸見解及其誤謬——澳大利亞土人的羞恥感情——中央巴西土人的羞恥感情——這些土人為什麼隱蔽裸體

根據馬克斯主義觀察羞恥感情的起原及裸體隱蔽的道德——裸體隱蔽的道德與文身——文身的道德上及宗教上的意義

第五章　原始結婚道德的起源

關於道德道德觀的構成及變革的觀察(其二)

一般理想家對於原始結婚道德起原問題的形而上的說明——米勒利亞（Mueller-Lyer）的解釋——性慾本身是本能的及外婚的——外婚制與內婚制——外婚制是道德的本能嗎——對於該問題的實證反駁——外婚制的起原與其發展

第六章　「殺子（Kindesmord）是道德的行爲嗎

關於道德道德觀的構成及變革的觀察(其三)

澳大利亞諸民族的殺子（Kimdesmord）與其經濟的根據——殺子的倫理化

——坡里內西亞（Polynesia）人和美拉尼西亞（Melanesia）人的殺子與其倫理化——古代斯巴達羅馬的殺子——殺子及不姙的罪惡化的過程

第七章　殺父母（Elternmord）的道德的批評

關於道德道德觀的構成及變革的觀察（其四）

殺父母與經濟的根據——殺父母倫理化的過程——啓克青族殺父母的習慣——非支（Fiji）羣島殺父母的習慣——依士企摩（Esquimand or Eskimo）族殺父母的習慣——殺父母爲什麼就會變爲不道德——霍屯督族（Hottentots）殺父母的習慣及馬克斯主義唯物史觀的解釋——在什麼地方去求倫理的基礎呢？

第八章　康德道德法則的基礎及假定

馬克斯派社會主義與倫理——阿德勒（Max Adler）對於新康德派社會主

義的批評——馬克斯派社會主義並非完全否定倫理的要求——但是馬克斯主義絕對反對新康德派所要求的倫理基礎——康德與新康德派——對於康德道德法則和現實的社會生活問題的批評——康德道德法則明明是豫想某種特定社會的(即市民社會狀態)

第九章 康德及馬克斯的道德理論

康德對於社會及歷史變動的茫昧——奴隸所有是普遍立法的原理嗎——康德自己的欺瞞與其根據——康德沒有辯證法的思考又蔑視道德的社會性——康德的個人觀與社會觀(個人與社會的關係)——康德只曉得個人和社會是相矛盾的——馬克斯的個人觀與社會觀——康德和馬克斯的個人觀及社會觀的差異反映於他們的道德觀及倫理觀的上面——由馬克斯的「社會」概念當然會發生「社會道德」及「階級道德」

等十章　社會道德階級道德及國家道德
考茨基（Kautsky）對於「社會道德」「階級道德」的見解及其批評——馬克斯恩格斯所觀察的「階級」「國家」「社會」道德的關係——社會道德反應該服從階級道德國家道德——恩格斯在他「反雕林論」上所述的見解——依據各種事實證明階級道德國家道德的優越性
第十一章　康德道德法則對於階級道德的關係
對於康德道德法則的疑問——曝露康德道德法則的客觀的不可能性——德國現代雜誌上考茨基和寶厄的論爭——考茨基批評康德的論理學——康德論理學對於勞動階級鬥爭的解釋——這種解釋結局是擁護資本階級的——康德道德法則的缺點——結論

馬克斯的倫理概念

第一章　道德的根本法則有永久性嗎？

恩格斯氏反駁雕林氏（Eugen Duehring）的主張——馬克斯及恩格斯對于「永遠的最高道德原理」之觀察——羣居動物社會的道德性——原始人類社會的道德性——道德和道德觀是怎樣發生的？——道德哲學者的見解大半是錯誤的究是什麼緣故？——道德是由社會生活條件所發生的——舊有道德觀之歷史的和批評的淺說——由「神的命令」「神的創造」及「神所賜與的道德的天性變爲」「生來的道德本能」「人類內部的道德觀念」及「自然的道德感

情」——這些概念都不是永久的獨立的是因社會生活條件而變動的就是把由一定的歷史生活所發生的道德概念變爲普遍的——假託道德感官能力的道德哲學者也有同樣的錯誤

雕林氏主張：「道德界和一般知識界相同，牠本身有永續的原理」又說：「道德的原理，是不受歷史和民族性差異之拘束的。」恩格斯極力反對此說，並且在他所著「倭鏗雕林氏之科學的變革」裏面，（第六版第八九頁 Herrn Eugen Duehrings Unwaebzung der Wissenschaft）排斥一切「道德哲學」，現在把他的議論，抄寫如下：

「雕林氏主張：道德界有永久的原理，並且不受歷史及諸民族性差異的拘束。他把這種理由爲根據，就說宇宙間有某種道德教理是永久的終局的不變化的道德法則，強迫我們信奉服從，是絕對不可能的。我們的主張：是社會上自古迄今所有一切的道德理論，歸根結蒂，完全是當時經濟的社會狀態的產物罷了。」

據馬克斯的解釋；所謂永遠的最高道德原理，或道德法則，和永久的道德命令，道德禁止一樣，都是空中樓閣，決沒有存在的。這些東西，都受時間的制限，並且是社會的經濟生活過程中，所發生的現象。又最高遠的道德直觀及道德概念，據恩格斯說：結局也是「人類在生活過程中，圖謀生計之經濟關係時，所創造出來的。」多數個人的共同生活及協力，爲滿足他們的慾望目的計，無論在什麼情形之下，他們必定要加入他們必然的，經濟的互相關係。就是和馬克斯所說的同樣，他們必須加入於一定的生產關係。這種關係之繼續或維持，皆要求有特定的互相行爲。因此無論何人，在他所屬的共同團體（社會）中，都不能任他爲所欲爲的自由行動。他的行爲，須依照歷史的共同生活的式樣，不可有所偏倚。換句話說：他的行爲，須順應這種共同生活條件，以求無過罷了。

關于集團及結隊成羣的羣棲動物，也可以通用這種理論。在這種動物的共同社會，一切動物，欲維持他自己和團體存在的時候，都各有各的特別行爲，以應付環境。例如採索食糧，遷移住居，及防禦外敵攻擊等的時候，都有互相顧慮的行爲。又有許多動物，當他們遷移住所的時候，常有引路的「先導獸」，凡是弱小的動物，不許留在後方跟隨，或和大隊脫離，到了夜間休息時，就于左右前後，居然配布守衛偵探。如有敵人襲來，他們就把有戰鬥力的動物，集合一處，使他們站在前面做戰鬥的先鋒。所以在這種地方，我們可以看出動物互相間的責任，及個個動物對于共同社會之自己的犧牲來。但是，人類共同社會中，也有這種現象。我們對于動物的這種責任心，或犧牲精神，常叫他爲「道德的」或「利他的」。在比較高等的哺乳動物中，那強大的對于弱小的，常有普遍的維護性（在人類方面，叫做連帶性），德國有名的動物學者布利姆氏（Alfred Edmund Brehm）根據他在阿非利加之曼忒爾帕費亞尼（Mantelpaviane）地方狩獵的經驗，曾著有「動物的生活」（Tierleben）一書（第一卷第一六二頁以下），說明這種事實。現在把他寫在下面：

「我們的目的，至少都要使他們的團體動搖。所以第一發的鎗聲，就出了莫名其妙的結果甚麼狂暴的啼聲哪，怒號的咆哮哪，唸聲哪，叫聲哪，都跟著鎗聲起了。于是全團體就運動起來，飛走于懸岩峭壁間，勢如波動，恰若奔走平地一般。但是他們的陣勢，爲什麼這樣的堅固呢？我們到不能了解。那窄如蛇腹的懸崖，似乎是猿猴逃走最便利的道路。他們的行列，一次低降到約三米的地方，等一會又上昇到同一地方，魚貫而行，不慌不忙的移動。我們一共放了六鎗，但是當時的光景，因爲太反乎常理，（卽猿猴毫不慌張，）所以我們到弄得手足無措，不能正確狙擊他們。但是，我們也不管他，把子彈對準那高處射擊，想激起他們的驚愕。有一射擊，居然把他們的全羣都震動了；他們恐怕墜落谷底，把岩壁拚命爬住，那種景象，很是滑稽。他們似乎沒有受損傷，脫了我們彈丸的危險；但是他們又似乎被恐怖征服了一樣。因爲他們到這個時候，已經把他們平素特有的計畫完全拋棄了。我們跑到山谷最近的轉角地方，看見他們的集合，已在那山谷底下，而不在那高處了。他們似乎想渡過這個溪谷，到對岸的高地方，找尋避難所的樣子。至于他們那羣精銳的部分早已到了對岸，而其主要部分，仍然在後方。我們的獵犬，看見那羣猿猴走動的時候，隨卽站立。一面忽然作狂喜的吠聲，一面結隊向前衝鋒突進。如是，一般人所罕見的犬猿交戰之活劇，就開演于我們的面前了。獵犬還沒有衝到他們的面前，那些強壯蒼老的雄猿已經由崖壁飛降，向溪谷這邊迎來，把獵犬團團圍住，目光炯炯，睥睨嫉憎，又怒號咆哮。張牙舞爪，做出種種可怕的樣子，向着獵犬攻擊。這個時候，連號稱勇猛好鬥的獵犬，也驚愕起來，飛奔退縮，轉向我們的面前，逃躲藏避。不用說，我們當然再使嗾這些獵犬，從新爭鬥；我們煽動他們的競爭心，果然成了功，于是犬猿爭鬥劇的場面，忽然一變了。猿猴以爲自己占了上風，毫不作急，所以中了這邊的計策。獵犬爭先恐後的突進的時候，那山谷底下，還有少數猿猴，其中有不過半歲的小猴。他們見了這些獵犬，就大聲疾呼的亂叫，急急忙忙逃到一塊石岩之上。精銳的獵犬，遂把他們團團圍住。我們滿擬可以生捕這些猿猴的，誰知事出意外，忽然由那邊岸跑來一匹傲然尊大傍若無人的雄猿目光炯炯射着獵犬似乎不把他們放在心上的樣子，——獵犬因此非常的畏懼——從容不迫的跳上那石岩，把小猿帶出，而且從那些獵犬的傍邊通過，一同向他們的歸路走去。結果，這些獵犬，只好吞聲忍氣的，讓他和他的被保護者，安安靜靜的過去能了。這個猿猴領袖的勇敢行爲，實使我們欣佩不已。所以他雖是和我們接近，可以做我們射擊最顯明的目標，也沒有人去阻他的歸路了。」

假使社會組成份子，不適應于社會生活條件所發生的秩序，或不根據其秩序，而特立獨行的時候，則原始人的部落，反不能够如上述動物羣可以生存于世界了。「野蠻人在他們原始共同社會，並無所謂秩序及規則，聽他們爲所欲爲」的思想，實屬矛盾已極。雖說是野蠻人，他也不能不嚴密遵奉，發生于自己共同社會，慣行于那共同社會的道德。例如，遷徙的時候，狩獵漁樵的時候，分配狩獵物的時候，處理勝利品的時候，飲食的時候，與朋輩或敵人交通的時候，——等等他都非遵守那不文法的行爲規範不可。假使他不嚴守這種規範，卽刻就必惹起部落內別個成員的反對。這樣沒有「互相結合」及「互相適應」的協力的社會，就是那不開化的最原始最深奧的森林中，也未必存在。年齡不同屬性不同的多數人，共處於共同社會時，也有一種行爲發生。這種行爲也自然有一種內部的必然性，以爲結合及協力的根本要件。這種行爲，一旦變爲法律，或習慣，卽是多數人的行爲規範；換句話說，就是道德了。所以有人假想無道德的人類共同社會，簡直是毫無意義的。因爲無論何種共同生活。對于共同社會的組成份子，必要求嚴守一定的道德。原來，普通道德哲學上之所謂道德，差不多並非由生活方法演繹而來的，乃是原有道德的衝動本能，或感情之結果。換句話說，道德就是道德的衝動，或本能或感情等所產生的。但是，這樣的推論，不外是極簡單的理論罷了。

我們往往把道德的衝動及理念，看做是道德存在的理由。但是，道德的衝動及理念，決不是道德構成的原因，乃是由人類共同社會發生的行爲規範，卽不是屬於第一義的乃是屬於第二義的。例如以人類「道德的本性」爲基礎的「道德本能」卽所謂道德的感情發生一種見解，謂：「露出生殖器，或與同一血族者結婚，認爲不道德；」社會上的人，並非根據這種見解，就把生殖器隱蔽，或不與同一血族者結婚；其實和上述是反對的，因爲這種道德，（習慣）完全是由生活條件所發生的，而後對於違背現存道德，認爲是不道德的感情或見解，才能發生。

原來人類根據他固有的本性及行爲，爲着那不可捉摸的事物，而追求那比較高遠的，超感覺的基礎及目的，用哲學的詞句說來，卽是「形而上學的」基礎，及目的。所以原始的自然民族中，還有以下的習慣：他們把道德的起原，卽時看做是他們祖先的傳統，（道德的發生原因，他們已經沒有了；）或把道德的起原，看做是某種崇拜的符號，或祖先的神靈，——這種想像，很是不少，——卽他們以爲道德的起原，完全是人力以上之存在者的命令，或禁止。例如，遮蔽肉體的一部，不與親近血族者結婚，裝死尸於棺木，斷髮文身，隨時斷食。殺戮俘虜，或奴隸他們等一切事情，皆屬神的命令或禁止。所以人類在這個生活階段，大部分都以「神之所賜」的宗教規則爲準標而行動的。

在宗教思想發達較高的階段，無論何人對於適應社會複雜的生活形式，所增加的道德，大概都不以爲是「神的制定，」只以爲是一定的神的根本命令。於是考察道德，把她擴充到合理的範圍，然後有次述之假想：就是各個道德的命令，不是神直接賜與的；但是，神把一種道德的天性，即所謂「神的內面的聲」賜與人類，警告人類；不可犯某種特定的行爲，又不可不做某種特定的行爲。因此，十七世紀及十八世紀的道德哲學上所謂「神賜的道德天性」就是沒有了，代她的就是生來的「道德本能，」或「人類內部的道德理念，」即所謂「自然的道德感情」了。

反之，不唯各種民族各有各的道德觀，即同一民族內，而時代不同時，他們的道德觀，也不是一樣的。這種思想可以否定上述的思想。假使一民族具有由神或自然所培植之道德理念，或一定的道德性感情或道德性本能時，這個民族的道德，就不能隨着這個民族文化的發展，不斷的繼續變化了。所以道德的素性及本能，不是永久的，乃是一種不定的，而且常常變動的。然則，決定道德的本能及根本原理的變動的，是什麽東西呢？若不然，一般道德原理的變化，沒有什麽基礎嗎？換句話說：對於一般的道德原理，不能適用因果法則嗎？這些問題，都是卽時會發生的。但是這些現象，又是絕對不會有的。

而且所謂最高道德原理或道德法則的本身，不是完全獨立的，乃是從屬的：假使她的本質內容，可以依別種要素決定，完成，則這種道德法則，也不配做道德行爲的根本原因，所以這種道德法則，不過是結合別種要素的作用之媒介物能了，故從前道德哲學上，荒唐無稽的，潛伏人類內部的，永久的，道德原理，在近世哲學者的眼光看起來。都是由所謂「道德感官」這種單純的能力發生的。由這種假想推論：人類已沒有「神或自然所賜與的」一某種特定的道德感情，——這種感情，可以決定人類道德的直觀，——僅具有單純的能力，在道德上有認識感覺和作用罷了。但是這種感覺能力，——道德直觀的單純可能性，由什麼東西介入，才能夠和人類道德感情的具體的內容發生關係呢？我們以爲：這種單純的道德性能力，完全是抽象的，而且是沒有本質內容的幽靈。這個幽靈，並沒有明白指示：人類社會發展過程上道德的根本原因，及她的發生，變化等，正和那單純的愛的能力，沒有明白表示愛感的原因，愛的生活樣式，及愛的內容一個樣。所以實際上假使我們要求這班哲學者，詳細的說明道德直觀的普遍妥當性，道德直觀的內容，或正當性，及道德的倫理價值的時候，他們總是依樣葫蘆的，歸結到某種超感覺的，基本的道德法則。即「道德的根本原理」云云的思想。他們不知道這些法則原理，差不多完全是由特定歷史的生活關係所發生的道德概念。而這種概念，又不外是以哲學的方法，煩瑣演繹而來的。他們不明此理，所以錯了。

第二章　普遍妥當的道德原理成立的主要動機

道德哲學者爲什麼要創立普遍妥當的道德原理呢？——普遍妥當的道德原理的基礎問題是道德哲學者最苦心的問題——康德（Kant）氏在超越的不可認識的「叡智界」去求普遍妥當性的道德原理基礎是什麼理由？——康德於其著「道德哲學的基礎」上面所表現的「道德法則」——她的理性基礎——道德評價上最高標準律的道德根本法則（最高命令）——康德諸著作中所表現的價值判斷標準的最高命令公式——關於適用該公式時公式內容的變更

一般道德哲學者，往往努力找尋道德的最高原理，或道德根本法則，這是由什麼動機而來的呢？因爲他們不能理解：人類是馬克斯主義上社會發展的產物，又不能理解：人類的

「道德感情」或「道德心情」是社會發展結果之歷史的產物，他們只知道：人類生來就有一定的本質（天性）即把人類看做是有一定理性的自然物，所以他們對於由社會共同生活所發生的道德，如何能够爲社會人人「當爲」(Sollen)或社會人人「意欲」(Wollen)的目的物，又如何才能使社會人人感覺道德的義務？這種問題，當然不能了解的。

不但如是；在人類生活關係，或經驗的發展過程中，有種種變化的道德規則，到底有普遍的使人服從的力量（拘束性）嗎？據道德哲學者的意見，這種力量，是人類處世道德的利益上，所不可缺少的。這個問題，確是使這班道德哲學者，絞腦焦思的問題。他們的解釋如下：假使人類以爲道德的根本規則，不是永久的，神聖的，乃是受時間的制限，常常發生變化，今日所行的認爲是道德，明日就可認爲不道德，那末，决不能維持所謂道德和道德命令的尊嚴了。換句話說：人類對于道德命令，已感覺沒有相當的服從義務，終至完全不服從了。但是，道德是國民的道德生活經歷上必要的東西，無論如何，道德非有拘束力不可。要道德有拘束力，所以又非探求超乎道德原則，或最高道德原理不可。這種原理原則，是「超乎人類經驗的，」各時代都應遵守的，在某種程度內各個歷史的道德命令中所視爲軌範的東西。以上是這種道德哲學者的主張。這種探求倫理的根本原則，卽探求所謂「道德性可能原理」的主張，明明是決定康德解釋的動機。他以爲這種原理法則，是超越本來的經驗界而存乎不可認識的「叡智界」。例如康德著「道德哲學的基礎」（Grundlegung Zur Metaphysik der Sitten）第二章「由通俗道德學到道德哲學（道德形而上學）」裏面有一段說：

「經驗上的原理，不能做爲道德法則的基礎。什麼緣故呢？假使道德法則的基礎，由人類特殊的性質或道德法則上存在的偶然事情內，能够發見出來的時候，則一切理性的存在物所認爲道德法則之妥當的普遍性，及道德法則上應有之實踐的必然性，都會一齊失掉。」

以上這一段話，是表示康德所以向「叡智界」探求道德法則的動機。康德的根本目的，不外是想追求一種有普遍妥當的道德根本法則；換句話說：道德法則「對於一切理性存在物」即是對於時代，地點，及發展階段不同的人類非有普遍妥當性不可。但是我們在各種時代，各種文化階段的民族性裏面所發見的，或由經驗而來之事實的，具體的道德法則，完全沒有這種普遍妥當性。所以康德就主張說：道德的根本原理，不能够由民族特殊的素性或民族外部的生活環境發見出來，須在經驗外部純粹的思想抽象界（即叡智界）裏面，探求發見的。

所以據康德的見解：依經驗的方法求得的道德法則，因爲受時間的制限，就不能有一種拘束力使人類對於道德法則必然的服從，用康德的話來說：即不能保障那道德法則，有「最高命令」的效力，受社會普遍的承認；這種見解，構成康德道德哲學基礎的唯一動機。所以他主張：存於經驗界外部（叡智界）道德的最高根本法則，是絕對不能少的。

康德這種主張的動機，在他所著「道德哲學基礎」序言中，說得更爲明瞭：他於序言裏面，敍述他對於道德哲學附以「基礎」名稱的理由如下：其實除却純粹實踐理性批評以外，本來沒有什麼基礎可說的。

「無論何人，都應該承認以下的各種事實：假使我們說：一種法則，有道德的妥當性，或拘束性的基礎，這種法則，非具有絕對的必然性不可；又，「不可說假話！」的命令，不唯對於人類有妥當性，人類以外的理性存在物，也是絕對不能違反的。依此類推，其他一切本來的道德法則也應該這樣；因此，我們不必由人類性質或人類周圍的世界事情裏面，去找尋拘束性的基礎，須由先天的純粹理性的概念裏面，去找尋這種基礎。根據簡單的經驗原理，演繹出來的一切規定，及在某種程度內有普遍性的規定。如果他們的小部分，卽是單只他們的動機，立於經驗的基礎上面的時候，這些規律，只可算爲「實踐的規律」，決不能算爲「道德的法則」。」

所以道德的法則，不是由人類的生活關係或人類的性質（人類的衝動等）上所發生的，是由純粹的理性概念發生的。康德不唯論到「如何能够造成道德法則的理性基礎」的問題，更論到「各時代各民族對於各個命令，如何求得普遍妥當的價值判斷標準」的問題。即是測量各種經驗道德，並且正當判斷她的「道德性最高原理」的問題。這種見解，我們于康德所著「道德哲學基礎」序言內可以明白看出：

「我們若欲探求理性內先天存在的實踐原理，那道德哲學是不能缺少的；再則道德本身，如果沒有判斷他正當價值的標準和最高的規範，就和屈服于各種頹廢面前一樣；從這種理由，道德哲學也是不能缺少的。」

因此，康德不唯努力發見道德的形而上學的基礎，並且努力找尋不可缺少的價值判斷標準。康德在「道德哲學的基礎」內，所發見的命題如下：「你行爲的時候，在你的人格和其他一切人的人格上，須把那人類性常常看做是目的，不可把他只當做手段。」康德這種命題，是人人都知道的；他發見之後，就把這種命題，做爲最高的道德原理。他又于同一著作的後面發見以下的命題；「你行爲的時候，須根據標準律，卽是根據爲普遍自然法則的對象的標準律。」

七年以後，康德又把這些命題，附以特質的形而上學的基礎，寫在他所著的「實踐理性批評」裏面。他的道德的根本法則，如下：「你的意志的標準率，須同時有普遍妥當立法原理的性質；汝的行爲，也須根據這種原理。」但這種命題，還不是決定的文體。因爲一七九七年康德所著的「法律學的形而上學的基礎」裏面，又把這種命題改變了。這時候，他只簡單的說「汝行爲的時候，須根據標準律，同時又須根據那有普遍妥當性的標準律。」

以上所述，是康德道德哲學基礎上最高命法公式內容的變更。

第三章　馬克斯與道德哲學(道德的形而上學)

馬克斯恩格斯對于普遍妥當的道德原理之態度——道德性永遠的根本原則沒有存在時道德概念也是相對的並且跟著社會生活關係的變遷而變化——恩格斯對於雕林的駁論——假借康德倫理學來補足馬克斯主義完全是無意義的——康德與馬克斯——馬克斯的道德觀是什麼呢?——由社會生活條件發生的道德習慣是第一次的又是有妥當性的——道德的習慣可化爲「行爲規律」——「普通行爲」變爲「強制行爲」——義務感情倫理的價值判斷及刑罰——邊沁(Bentham)及詹姆士穆勒(James Mill)的誤謬——道德及倫理之經濟的社會的基礎

反之,馬克斯和恩格斯一不承認康德所主張的這種道德哲學,二不承認所謂永遠的道德原理；並排斥對于一切時代，一切文化階段有普遍妥當性的道德原理，或根本的道德法則。因爲這種普遍或根本法則，這時候恐怕有由那存于人生奧妙的神秘的道德原性，或和人類經驗不相連結的純粹理性中演繹出來，（即「叡智界」）做爲「神的命令」的危險性。據馬克斯主義的解釋：道德性永遠的根本法則，是絕對沒有的。同樣無論什麼「絕對的善及惡」或「善惡本身」，都是沒有存在的。這些概念，完全是相對的，跟着社會生活關係的變遷而變化的。恩格斯的反雕林論（第四版第八八頁）內，說得更爲明確，現在把他引用一下：

「善惡的觀念，是由一民族轉變到他民族，由一時代轉變到他時代，流轉無窮的東西。結果，這些道德觀念，往往發生矛盾的現象。但是，這樣說來，就一定有人出來反對說：所謂善，即不是惡，惡即不是善的意味了。因爲善和惡，如果這樣的混淆不淸，豈不是一切道德性，都告終止，無論何人，都可以爲所欲爲嗎？這又是（雖然沒有帶着「神的命令」的色彩）雖林君的意見了。但是，凡事不是這樣容易解決的。如果這種問題這麼容易解決，那就關于善惡不會有什麼論爭，無論何人，都會明白什麼是善，什麼是惡了。然而今日的狀態，到底是什麼樣呢？現在對我們說教的到底是什麼道德呢？現在所有的道德，可說是由信仰深沉前古時代傳來之基督教的——封建的道德能了。這種道德本質上分為舊教和新教，又細分為耶穌的（加特力的道德，及正教的）或新教的道德，又細分為寬容的，或啓蒙的道德。和這些道德平行並列的，有近代資產階級的道德，及和資產階級相對的無產階級的道德（未來的道德）。因此，在最進步，最文明的歐洲諸國中，過去現在及未來，同時有平行並列，淹遙相對的三種道德說流行。那一種是眞的呢？所以在絕對的究極意味上，決沒有唯一的眞正道德。」

康德的馬克斯主義者正確說來，馬克斯主義的康德學派，想把康德的倫理學，再正確的說，康德的道德哲學，接木（Anpfropfen）于馬克斯主義的道德觀，這種辦法是毫無意義的。這種「接木」的行爲好像表示馬克斯主義，尤其是馬克斯的唯物史觀，及唯物發展觀的缺點一樣，他們想把康德的倫理學和馬克斯主義有機的結合，做爲馬克斯唯物史觀的補正。實際，由形而上學找尋道德的基礎，換句話說，由超感覺界找尋道德的根本法則，而構成的因果觀，和馬克斯主義的因果觀，正相矛盾。想由人類生來的某種道德感情及道德感覺裏而找尋道德的基礎，或向純粹的叡智解釋而構成的世界裏面，去找尋道德的基礎，這些計畫都是由以下的見解出發的：卽我們于人類世界，發見道德實證的，具體的內容，卽所謂經驗道德，不外是永久道德根本原理的一沈澱物能了，（雖然如此日常的生活關係，對于個個道德性外部的形成，及道德律特殊的具體的內容，還是有一種影響。）在這種情形之下，人類以爲道德行爲上必要的特別道德的强迫或衝動——卽最高命令——是道德所與的根本原因，而那道德强迫的方向，又往往沒有純粹的決定性；但是道德强迫于人類心中引起某種道德的「當爲」感情，使人類趨向道德的「意欲」方面。

現代道德理論家對于以上所假定的「道德基本衝動變爲一定道德律」的思想，各有各的意見，不能一致。但是，他們都承認所謂道德的根本法則，是道德生活的動因道德生活的能因；更進一步說，是道德生活的創造主。照這種見解看來，第一次的所與物及作用者，卽是道德的基本衝動，而存于諸民族間的道德實證內容，不過是由道德基本衝動所生的結果，卽不過是第二次的所與物及作用者罷了。

馬克斯的道德觀，和以上完全不同。卽是與上述的因果假定相反。他說：「道德律及道德原理，不是第一次的，而由社會生活條件發生的道德習慣，才是第一次的。所以道德的原理，不是原因，乃是由社社生活條件發生道德的結果。互相關聯的社會關係可以構成法律的及政治的表現眞正的基礎。同樣，又可以構成道德觀的基礎。在社會裏面，爲滿足社會欲望而協同動作時，常先發生一種組成份子互相間的一定行爲；其次，這些行爲變爲習慣以後，結果，就發生這種習慣的傳統的價值判斷，及習慣的便利性，有用性，或非難性等構成一定的（現象）表現。但是，新發生的道德，倘若得了社會容納和承認的時候，這些道德。即時變爲習慣的，有模倣價值的，更變爲有一般拘束力的，既存的行爲規律。所以無論何人。都非服從不可。用道德哲學的表現方法來說：「普通行爲」，變爲「強制行爲」，「將要如此，(Sein)」變做「應該如此 (Sollen)」。凡是社會上的人，不可不跟著「強制行爲」而決定行爲方向。倘若有人輕視了他，社會就把這人當做社會道德的侵害者，必受社會的排斥。各個人若不嚴守傳統的行爲規律，必受社會一般的輕視，這就是「一般輕視」的刑罰，——大概是被排擠於友人交際之外，——因此，他在這種社會環境影響之下，自然而然的就會感覺服從他所屬社會的道德，是一種義務了。所謂倫理的判斷，完全是社會承認或否認的表現，——即感情的表現，——並不是抽象的理性認識的表現。

耶利米邊沁 (Jeremy Bentham) 由功利主義的見解，主張「正」「不正」的意味，要看能否和功用原理一致，才能夠說明；又詹姆士穆勒 (James Mill) 主張「行爲的道德性，」不是存于行爲者內部的感情，所以功用原理合理的辯護者，也只能够在那行爲「是善的，」換句話說：行爲能產生幸福的時候，承認他是道德行爲。以上兩人的主張，都是顚倒順序，以因爲果的議論。實際上倫理的判斷者，要承認某種行爲，並且這種行爲又要和他的道德感情相合，他才能够說這種行爲是「善的。」而且他的這種道德感情，不是純粹個人的，乃是社會道德感情的，受社會限制的，個人的沈澱物。這種現象，在往古人類發展階段——詳言之，在這種發展階段，社會差不多沒有分化作用，因此各個人都生活于同樣的社會事情下面，他們的思想及感情，差不多完全和社會的思想感情一致，——更容易明白。在這種社會，各個人的道德感情，完全受社會全感情的影響而決定；道德的判斷，也（假使能够這麼說）帶有一種非常明瞭的普遍性。

因此把所謂義務感情，——即「最高命令，」當做生于各個人本性內部的個人道德衝動，是一種錯誤的見解。實際上，各個人中，有一種本能，極爲重要，這種本能，是自然個人本能的表現，並且使各個人衝動的命令的而且不假思索的爲一定的行動，這就是共同本能，或社會本能。有人說：「野蠻人和一般原始人，沒有服從所謂道德的義務衝動以前，已經考究過這種社會本能，是否合于理性和道德。」這是大錯特錯的見解。現代道德哲學者們，也許有這種見解，但是所謂自然人，決沒有和以前所說的這種考慮。野蠻人能够考慮得到最大的限度，不過想如何行動，以服從該「義務命令」罷了。假使野蠻人的道德意識，和他們的思想全部及感情全部同樣密切的生長于他們所屬的共同社會（家族，血族，部落共同狀態，部族等）在共同社會的範圍內部成就的時候，那末他們共同社會傳說的道德，他們都能承認是由自然所賜與的。或是確定的，他們對于傳統道德的要求或命令，純粹是衝動的，不假思索的，無思慮無理由的，服從他罷了。

第四章　羞恥感情的起源

關于道德道德觀的構成及變革的觀察(其一)

裸體與羞恥感情——關于羞恥感情的起源諸見解及其誤謬——澳大利亞土人的羞恥感情——中央巴西土人的羞恥感情——這些土人爲什麽隱蔽裸體?——根據馬克斯主義觀察羞恥感情的起原及裸體隱蔽的道德——裸體隱蔽的道德與文身——文身的道德上及宗教上的意義

凡在民族道德史發生過程裏面，探求新道德的起原和發展的人，都會發見以下的事實：即是新道德——最初，大多數人民都覺得他是「不道德」——如何由一定的生活關係發生，如何能够獲得大衆普遍的承認，並且如何發展，才能够改變從前的傳統道德的經過。還有一層，最初和新道德相矛盾的傳統道德，對于新道德，有頑固的反抗，到了現在也變爲新道德的辯護者了。

原始民族的生產關係比較明瞭，而且哲學的推考，沒有把因果關係弄到曖昧的時候，新道德如何發生，如何變爲新道德感情及道德觀這個問題，很容易明白。現在舉出幾個簡單的實例來說明他：

大多數的民族，——高等民族完全是這樣——都以爲露出肉體某部分，尤其是生殖器，是冒犯一種最羞恥的道德；又有大多數的民族，——尤其是關于婦人的肉體——以爲：胸首足，或面的露出，是最無廉恥的道德：社會對于侵害這種道德的人，處以一般的侵害罪。這種道德觀，如何會發生呢？有許多道德哲學者，完全沒有根據人種學的研究，就推論說：「這種裸體，所以爲不道德的行爲，正因他是從自然的羞恥感情發生而來的；」又有些道德哲學者說：「這種羞恥感情凡是人類都有的。」又據有些人的解釋：羞恥感情，是從人類性質中，有深奧基礎的道德本能發出來的：又有些理論家說：羞恥感情，是從古時的思考而發生的，那時候，原始人男性慾很是猛烈，所以不得不隱蔽女性生殖器，以抑制男性慾。

以上這些證明，都是外觀的沒有根據的假設我們以下記的單純的事實，就可以反證他們的誤謬即在今日，多數民族，尤其是熱帶地方的民族，他們並不是沒有隱蔽他們裸體的手段，但是他們的身體差不多仍舊是完全露出；再則雖在有隱蔽生殖器及婦人胸部習慣的地方，男女有時還是在他人面前，或在全不認識的人面前，實行脫衣脫褲等事，也並不以爲不道德。還有一層，假使人類有一種所謂自然發生的羞恥感情，或自然賦與人類的原始道德本能，那末羞恥感情，一定會有種種奇怪的複雜的樣子了。因爲某種民族，以露出生殖器或臀部爲不道德；又某種民族，露出臀部到不要緊，露出胸部或頸部，反是不道德；復有某種民族，露出胸部及腹部，到不要緊，露出足，腰，或股，反是不道德。這樣看來，我們若不說這種民族的自然的羞恥感情，早已進化，我們就須要承認：生來的羞恥感情，有許多種類，並且各民族都有他的特別羞恥感情。

復次，隱蔽生殖器以免刺戟性慾的見解，也決不和人種學的觀察一致。我們常發見——例如澳大利亞黑人——喜歡健全的男子生殖器的民族，這是因為男子想在婦人面前，表示男性生產力的緣故。優秀的觀察者埃哈爾德愛爾曼氏（Erhardt Eylmann）于其著「南澳洲殖民地土人」（Die Eingeborne der Kolonie Südaustraliens）（一二七——一二八頁）中，說明這種事實：

「男女兩性的羞恥感情，大概如下：有些人是因為自己的身體某部，變了殘廢，恐怕他們的同伴嘲笑，因此用物遮蓋，所以我就往往以為他們是怕人嘲笑他們的殘疾而遮蓋的。反之，性的羞恥，在男性方面，像是發達極緩的樣子，還有多數人簡直是沒有性的羞恥感情。一八九六年，我在赫爾曼堡傳道所參加聖誕節分配贈物。傳道所各人集合于會堂的時候，——白人的婦女們，坐在前面，對着門口。——不料有一對赤身裸體的夫婦不速之客現出來了。他們是野營于克累克的老「野營黑人」（Campsch warzen）白人的婦女們，都羞得把頭低下，瞧望他處，白人的男子們，拚命把笑忍住，這時候，這兩人也並不把手遮蓋他們的生殖器，好像完全沒有這回事，即跑到房子後面的他們同伴那裏去了。男子缺乏性的羞恥感情，還有一個實例：我在男子團體內，請教他們如何的教養小孩，他們就把他們鄉裏所實行的生殖器割禮，和副次割禮的樣式及方法，一一告訴我。（譯者註——割禮，謂割去男子陽物的前皮。猶太教徒囘教徒受教時，都要行這種禮，基督教徒起初也有但不久就廢了。）年輕的男子們，往往在「盧布拉」（（Lubra)「著者註——（Lugra）即思春期女子）面前，誇示他們的生殖器。反之，老人們到用一種大圍垂布遮着生殖器，有時竟把他們的裸體，一齊遮着。因爲他們以前年輕時，誇示鬍子一樣的誇示的肉體現在已經老衰，他們知道老衰無用，所以遮着了。

女性和男性完全不同；女性雖然和男性一樣，不用圍布遮着生殖器，但是她們的羞恥感情，比男性多得多。「盧布拉」在男子面前，無論是坐是臥，都注意不把她們的陰部全體給男子看見。所以年青的女子們，如果知道自己的陰部現出將被人輕視，或在男子面前，無現出陰部的必要時，她們總是遵守最大的禮儀。」

愛爾曼觀察澳大利亞土人的他種部族，所得的結果，也和以上差不多。

此外，還有一種現象，即遮蓋肉體某部分的蔽帶，形狀極小，不能充分達到隱蔽的目的；例如，婦人的蔽帶，即是一種腰帶，前方垂着一枚植物的皮，或獸皮，或短小的線類，有時只是前面某部分，掛着數分寬的架帶，——和腰帶結合一處，垂在前面，——所以蔽帶不能掩着全陰部，只能蓋着陰戶口。他方，男子的蔽帶，只結于腰帶上面，蓋住陰莖。這種半隱蔽的行爲，並不是因不許他人看見該肉體部分的動機而來的。因爲他們所用的蔽帶，總是選一種特別色彩的材料，即如蓋陰莖，也是用雜色的羽毛及撚絲裝飾的。所以在這種時候，與其說是抑制性慾，毋寧說是刺戟性慾；不僅德國如是，其他一般自然民族，與其把生殖器自由公開，不若把生殖器稍許隱蔽，反能够刺戟好奇心，及挑發慾性。卡爾奉登斯泰能（Karl von den Steinen）關于巴西的巴坎里族特記述如次，他的記述頗與上述情形相當。（參照同氏著『中央巴西的自然民族』(Unter den Natur-Volkern Zentral-Brasiliens)

『……我想把批判公平的新聞記者，對于「裸體」的一般印象稍爲記述一下。這種醜惡的裸體，我們實在有點看不下去。所以我們忠告他們，質問他們：「究竟那些赤條條一絲不掛的人。（在那裏站着或徘徊的不知羞恥的父母，子女等。）是否因爲他們無恥，而應該受這種詛咒嗎？是否應該可憐他們？」但是，他們對于我們做出極愚蠢的樣子，以代答辯，使我們笑得肚痛，我們有時對于這種卑鄙的樣子，非唾罵他不可。由美學的見解說來，裸體也和一切眞理相同，有兩種傾向：青春和元氣，能够活潑的運動，所以往往有一種魔力使人愉快；老衰和疾病是呈腐朽的景况，所以往往有一種暮氣，使人厭惡。我們的衣服惹起他們的注意，正如他們的裸體，惹起我們的注意一樣。我和土人的夫婦一同赴温泉場，他們把我上下打量，好像檢查甚麼東西一樣。我氣得要命，——其實我對于他們這種好奇心已十二分的原諒他們，拼命的把氣忍住，現在已忍無可忍了，——但是他們仍舊嬉嬉笑笑的，和沒事一樣。他們又把我的波里內西亞的文身仔細觀察，尤其是注意那由新西蘭帶來的青色長嘴鳥（Kiwi）但是他們這樣的詳細檢查，想必得了不少的知識，心裏已經沒有什麼疑難了。這是我很滿足的地方。」

該書第六十九頁內，又說：「我向幾個婦人要求他們給「烏魯里斯」（Ulluris）（遮蓋他們陰門的小植物皮，形似三角）把我們做爲人種學上研究材料的時候，他們一面含笑一面用手取下給我。」

然則，他們爲什麼要隱蔽肉體的一部分呢？凡是自然人，都有一種裝飾自己身體的動機，例如，以極華麗的色彩，塗在身上，或把身體刺花。又或把鼻，唇，及耳等穿空，插入雜色的裝飾品，又或以各種線類縛于頸手足關節處；這部隱蔽身體某部分的行爲，也是由這種裝飾動機而來的。腰索和腰帶，陰莖蓋和褌子，都是——至少在文化最低的階段，——一種裝身的器具了。

愛爾曼氏所記澳大利亞人的事實，及澳大利亞人以外如美拉尼西亞（Melanesia）人阿非利加人等所記的事蹟，都和以上所記的事實互相關聯。那事實就是：一方，老衰的男女，極熱心隱蔽他們的生殖器，腹，胸，及其他部分；他方，年輕的人，常把肉體公開露出，毫無羞恥。總之，無論何人，都想把一種有益的，而且好的，或眞正「美的」印象，給他人記憶，所以他們不唯用一種美麗的裝飾品，粉飾肉體，以表示他的「美」，並且到了年老色衰的時候，又不願把自己的衰朽的肉體，給他人觀看，惹起一種不愉快的感情，所以就把肉體隱蔽。換句話說：他一面裝飾他美麗的肉體，一面隱蔽他醜惡的肉體，以求達到他所渴想的善的（美的）印象。

再，「隱蔽器具」又可用爲保護生殖器，以防昆虫的刺傷，衝突及壓迫，或摩擦等。照以上種種動機看來，我們可以明白生殖器的隱蔽，在婦人方面往往只閉鎖婦人的陰唇，在男子方面，則或遮蓋陰莖，或把包皮扯長包着龜頭，或把陰莖包緊結于腰帶，或把睪丸置于腰帶上捆着的小「波伊忒爾」（Beutel）（一種原始的提舉綳帶）裏面等種種事實了。

這種裝飾品及保護器具的使用，成了一般的習慣以後，有不使用這種裝飾品，違背這種習慣而行爲時，就認爲反社會的行爲，惹起社會的否認，嘲笑，或侮辱；結果，社會認爲是對于現存道德的破壞行爲，換句話說：社會就感覺這種行爲，是「不道德性」的了。這就是羞恥感情的發生：這種發生，又可以證明羞恥感情，在各種民族各有不同的理由。例如甲民族認定露出生殖器是不道德行爲；乙民族以相示臀部或胸部爲無恥的行爲；再丙民族認毛髮下垂，或顏面露出爲無恥的行爲：以上都是各民族各有各的羞恥感情。中國上流社會，偶然看見歐洲婦人赤足時，很以爲奇怪。他以爲赤脚是無廉恥的行爲。亞剌伯人不諳歐洲的虛禮，看見白種婦人沒有蓋面，以爲是一種羞恥。假使他跑到德國或挪威的家族浴場裏面一看，他一定會說這是極無廉恥極下流的道德的表現了。

文身習慣的道德的要求，是表示這種道德觀發生的徑路。文身的起原，——文身的初步，是以雜色塗抹皮膚及調查皮膚的龜裂，和傷痕而起的，——也不過是由想裝飾肉體的動機而來的，此外沒有什麼意味。因此，各種有符號的共同社會，都選擇一種特別式樣做他們的認識記號及同類記號。又往往把動物符號的完全輪廓，刺紋于肉體的胸，腰，或頸上，以表示該符號社會的意義。但是，如果這種文身的裝飾，一旦變爲一般的習慣，那不文身的行爲，就是對于適應性及禮儀的違反行爲了。因此，文身就變爲和裸體隱蔽有同樣的性質，不文身的人，就被社會看做和赤身露體不要廉恥的人一樣；文身這種行爲，忽然變爲「道德的命令」，有時簡直是變做「宗教的命令」了。因爲他們有時把符號社會看做是部族的神靈設定的；若不遵奉這種命令，一定會遭神的嚴罰。又沒有改宗基督教以前的非支（Fiji）

諸島住民，都相信不文身的人，死後不能入「天國」（Das Reich Mburotu）（他們的比較快樂的國）。他們以爲不文身的人，是最不道德，所以不能在禮儀嚴肅的靈神中間，占什麼地位。

第五章　原始結婚道德的起源

關于道德道德觀的構成及變革的觀察(其二)

一般理想家對于原始結婚道德起原問題的形而上的說明——米勒利亞(Müller-Lyer)的解釋——性慾本身是本能的及外婚的——外婚制與內婚制——外婚制是道德的本能嗎？——對于該問題的實證反駁——外婚制的起原與其發展。

羞恥感情的起原，前章已說過了；此外，關于自然民族生活中，很重要的他種道德的起原，也是同樣的。例如反對同一血族的男女互相結婚，卽是不許親族互相聯婚，如果違反這種道德命令，則處以死刑，這是很普通的道德。

一般的觀念家，以爲只根據自己的凹面文化眼鏡，就能夠觀察原始狀態；所以他們又在那自然的厭惡感情裏面，——這種感情是人類本來的「自然的道德感情，」即不願與和自己一齊生長一齊生活的異性結婚的感情，——去探求這種現象的原因。即如社會學者米勒利亞（Müller-Lyer）關于家族的發展也是這種見解。他于他的著書裏面說道：（第三十七頁）

「據我的意見：這種現象的深奧根據，存于人類的性慾本來是外婚的（族外結婚的）事實，即外婚制是自然本能的事實。這種見解，在心理學上，很是重要但現在贊成這種見解的人很少，真是可悲；在我所知道的範圍內，最初赫兒瓦爾特（Hel'wald）闡明這種見解，其後味斯忒馬克（Westermarck）應用這種見解，做爲族外結婚的理論。性慾本身是本能的外婚的，這是很容易認識，而且是一般人都知道的事實。據赫兒瓦特爾說：繼續同居的習慣，常使感覺遲鈍。（參照「人類家族」（Menschliche Familie第一七九頁）。即我們對于從幼時常常看見的人，並沒有以很熱烈的感情去親近

他同居的日常習慣，……常是一般空想及感覺享樂的最有力的抑制者。這種習慣，絕對不能刺戟兄弟姊妹間的性慾，除非是男女性慾無從發揮的時候，才有時發生這種兄弟姊妹間的性慾。

這種「自然厭惡」的假定，並非不刊之論。因為多數民族間，對於幼時嬉戲的朋友，往往有結婚的事實，而且父母們也從中贊助，完成這種結婚。又禁止近親血族間的結婚，也要在文化較高的階段，才能實行；近親血族間不聯婚的原因，由于自然的——發生于人類性質中的——厭惡動機，實在是很少很少，而且這種自然的厭惡動機，在人類性發展上面許久都沒有適用，直到文化較高的階段發展後，才能實現出來。因此，赫兒瓦爾特所說的「性的生來的自然嫌惡。」要照以下的解釋，才能說得去：即這種自然的厭惡都是在人類發展的最初階段，或人類衝動還沒有受文化影響的妨礙時，才能够自由發展，或在實行最密切的共同生活小部落，才能有強固的表現。

此外，這班社會學者完全沒有注意以下的事實：即同一血族者，不結婚的原因，並非始於禁止兄弟姊妹及幼時嬉戲的朋友的性交，乃是始于禁止老人和少年，即年輩不同者的性交，這種禁止一旦在某特別部落發生以後，漸次就蔓延到其他種種部落去了。

我們若更進一層，探求原始時代性的關係時，則所得的結果，當完全不同了。一般人以爲禁欲的道德感情，是禁止同居的原因，其實不然。原始時代遊牧民的生活關係，所發生同居及結婚的習慣，到是性的道德概念的原因。因爲遊牧民原始的生活條件，先有年齡階梯（年輩）的分類，而後規定社會成員間的權利義務。其後再禁止這種年齡不同的男女成員間的結婚，但是，這種現象，又要根據以下的條件才能夠發生：即在那種小遊牧民裏面，同年齡的兩性，達到結婚的年齡以後，自然會互相戀愛，年輕男子，决不讓「老人」（最高年輩的男子）奪取思春期的女子，把思春期女子據爲已有，再則他們想必也知道：年齡相差太遠的結婚，不能把愛情繼續長久，總之，無論如何，我們不能由某種道德的動機裏面去探求禁止的原因。

同樣，所謂族外結婚，本不是由生來道德的衝動或道德感情發生的，是因爲在他們的小集團的範圍內，能够和青年男子結婚的婦人很少，所以希望結婚的男子，或由他種遊牧民族內偸盜，或和敵人爭鬥掠奪，又或以相當的財物去交換等，因而發生的。因此，一般男子，常由他種遊牧民族內娶妻，漸次變爲一般的習慣了。依這種方法，族外結婚，又逐漸變爲一種道德。此後，凡男子和土著遊牧民族的女子結婚，都被認爲是「不道德」的行爲。由是就否認族內結婚，而變爲族內結婚宗教的禁止了。傳道者無論什麽地方，總是想找尋神的指示及治理，所以往往在這種宗教的禁止裏面，去探求族外結婚固有的原因。但是，他們的立論，所以絕對不能成立的原因，第一，在發展最低階段，關于這種禁止設定的神話，完全沒有，這是到了以後，才發現的。第二，這種神話裏面的禁止，大概都和族外結婚最初的形式，沒有關係，反和以後的形式有關係。因此，這種禁止，明明是那種形式成立以後才發生的。

第六章「殺子」(Kindesmord) 是道德的行爲嗎？

關于道德道德觀的構成及變革的觀察（其三）

澳大利亞諸民族的殺子 (Kindesmord) 與其經濟的根據——殺子的倫理化——坡里內西亞 (Polynesia) 人和美拉尼西亞 (Melanesia) 人的殺子與其倫理化——古代斯巴達羅馬的殺子——殺子及不姙的罪惡化的過程

觀以上所說，我們就知道新道德眞正的發生動機，明明表現于道德觀——那種道德，是根據這種道德觀而來的，——裏面的，可謂絕無僅有了。新發生的道德，雖然在原始的遊牧民集團中，常常和他種道德相遇；但是，新道德又非和他種道德融合不可。所以新道德的完成和普及，多半被這種舊道德（即他種道德）制限，侵害及破壞。但是某道德對于社會生活的意義變化以後，那種道德的基礎，——更正確的說那做道德基礎的道德動機，——也跟着這種變化而變化。

現在引用民族學上一個短例，說明以上的敍述。即多數澳大利亞民族間，有一種「殺子」(Kindesmord) 的習慣。例如一婦人以前所生的小孩還沒有滿四五歲，再生一小孩的時候，就將那後生的小孩殺却。因爲遊牧民族，尤其是土地貧瘠區域的遊牧民族的婦人，差不多遷徙無定，遷徙的時候，他們帶着兩個小孩，又要搬運財產（獸皮袋織物，捧石斧等）。此外還要他們蒐集樹根，球莖，野菜，昆虫等，是絕對不可能的。所以這種地方的住民，就公然承認：「一婦人不能養育兩個小孩，所以實行殺子」的習慣。豪易特 (A. W. Howitt) 氏記述澳大利亞的庫爾奈 (Kurnai) 族的風習如下：豪易特氏在庫爾奈族中居了許久，他常問他們：爲什麼把新生的小孩丟在他們將要離開的空地方？他們答道「我們因爲小孩太多，沒有工夫搬運他們，……所以他們生後，不如把他們棄于圍牆後面，較爲便利」。(參照 Lorimer Fison, A. W. Howitt 共著: Kamilaroi and Kurnai)

卡爾（E.Curr）氏在他的「維克多利亞的蹲坐生活」(Squatting in Victoria, 第二五二頁）中記述東南澳大利亞的邦格瑯克（Bangerank）族的習慣如下：邦格瑯克人說他們放浪的時候，不能把那些弱小的小孩搬來搬去，所以凡新生的小孩都一齊殺掉。斯賓塞（Spencer）和季冷（Gillen）兩氏在他們的「中央澳大利亞的自然部族」(Natural tribe of Central-Australia 第五一頁及二六四頁）中，說明這些部族殺子的原因，係因他們的母親還在喂一小孩的乳，同時當然不能養育新生的小孩。

所以遊牧氏族的生活，不能同時養育許多小孩，這種不可能性或困難性，是「殺子」的根本原因。這種殺子行爲，變了一般的習慣，並且由社會公認爲神聖習慣以後，就變了正當的道德性。尤其是那殺子的根本動機，經過許久的發展過程後，這殺子的習慣，反爲社會所公認了。據宣教師佐治塔普林（George Taplin）的報告：馬爾勒河下流比較開化的澳大利亞諸部族，也有殺子的習慣，新生子的大部分都做了「殺子道德」的犧牲；殺子的方法，是用土塞住新生子的口，硬把他窒死的。我們在這種部族裏面，可以發見兩個見解：一個是「同時不能養育兩個小孩」的觀念。他一個是「同時兩個小孩，要母親抱持，或吃母親的奶(此處的小孩吃乳到四歲)是夫對於妻的無理要求」的見解。這兩種見解，可以說是殺子的倫理化，換句話說：承認殺子是道德的行為了。又苦因士蘭(Queensland)地方，有數部族，以為殺掉新生子，是對於既存小孩的保護。即是殺掉新生子，是所以保護既存小孩幸福上不可缺少的行為。因為他們的力量，只能養育一個小孩，若欲勉強養育兩個，必不利於一小孩，有時簡直害及兩小孩。所以此地的殺子習慣，可說是對于小孩幸福的顧慮，同時又是對于後生的顧慮，久之遂變為道德的義務了。布老斯邁司 (R. Brough Smyth) 氏，在他的「維克多利亞土人」(Aborigines of Victoria) 一書中，敍述如下：「維克多利亞地方，有數部族，以為如果一夫婦想同時養育兩小孩的時候，完全是義務侵害。」又說「據他們的法則：殺子是一種必然的行動，假使不服從這種習慣，一定會受某種懲罰，公諸社會。」

復次，南海的坡里內西亞人及美拉尼西亞人的殺子習慣，是由往昔原始時代傳來的，並非因爲不能養育；而且此島住民，老早就獲得一定的住地，經營農業，從事漁獵，飼養家畜等，對于扶養子女，差不多不成問題。所以此島的殺子習慣，可說是祖先傳來的，換句話說：他們所以殺戮小孩，完全是因爲對于婦人的顧慮，或對于婦人的勞力，或婦人的美貌，（相傳多養子女，容易色衰，）或對于後生的顧慮而來的。威廉厄爾力斯（Willian Ellis）于其著「坡里內西亞研究」（Polyneian Researches）中說：他在革則爾沙夫特（Gesellschaft）（即索晒厄替羣島 Society Islands）羣島宣傳教理的時候，差不多沒有一個異教的（即沒有改宗爲基督教的）婦人，不殺掉他一部分的子孫的；而且婦人們把子孫殺掉，良心上絲毫不感痛苦。婦人們直率的告訴厄爾力斯說，他們已殺害幾個新生小孩了，因此厄爾力斯遂斷定說：他還沒有來索晒厄替羣島及散得維齒（Sandwich）夏威夷（Hawaii）羣島的時候，大約已殺掉新生子的三分之二了。他又說：「土人們往往跑到外國人家裏，談他們殘忍的行爲，好像沒有那回事一樣，快快活活的談笑自若。」宣教師也曾勸他們中止這種殺子的習慣，但是他們都回答說：「這是我們現在的道德。」

不但這樣，在坡里內西亞羣島凡養育二人或三人以上的小孩的時候，他們就認爲意志卑鄙，違反義務。假使養育比這再多的時候，即被一般人否認，有時施以權力的壓迫，使他嚴守殺子的道德。例如吉爾柏特羣島 (Gilbert) 一夫婦只許養小孩四人，挨里西羣島 (Ellice Islands) 的隈托甫 (Vaitupn) 一家族只許養小孩二人。

但是，在經濟比較發達的社會，農耕牧畜等不斷的發展擴張，爲維持家族經濟計，必須要一定的勞力，——尤其是在家長制的大家族，——因此殺子及墮胎的習慣，逐逐漸終熄。于是小孩又變爲家族的至寶。幸福的泉源了。只有新生的女小孩，因爲不和男女一樣的有同一的勞動價值，所以多有殺掉的。嗣後因新娘的價格高漲，女小孩也逐漸受社會的保護。然而那身體虛弱或四肢不全的小孩，仍舊是殺掉的。因爲他們既不能爲勞動者，替社會勞動，又不能爲防禦者守備占有的區域。因此，我們可以發見：在比較文明的社會，家長制的民族中，尚有殺戮弱小的或畸形的小孩的風習。古代斯巴達及羅馬或日耳曼各部族，都有這種習慣。西塞祿（Cicero）曾說：「據十二表法不許畸形兒生存；」又辛尼加（Seneca）說：「我們把畸形兒殺掉，假使我們的小孩生下來，身體虛弱，或四肢發育不完全的時候，都要把他們淹死才好。」

到了經濟比較發達的社會，家庭經濟，必須要勞力維持，勞力愈多，家庭因而愈富的時候，社會一般都貴重小孩，因此，那殺戮小孩的婦人，反遭一般白眼；不但這樣，就是那不姙的女人，或生育較少的人，都被社會輕視。婦人的不姙症，遂變爲婦人的缺點，婦人的恥辱。假使沒有生過一個小孩的婦人，即受社會的攻擊，以爲這婦人是不祐于神靈的；丈夫可以毆打她，虐待她，把她離婚，或賣給他人。反之，從前以爲多產的女人，到了現在，就變爲妻的模範，受一般的敬重。子宮故障，不能生育的女人，遭社會的輕蔑，而那周圍圍着小孩，在家庭處理家務的女人，遂受社會的尊崇了。

第七章　殺父母(Elternmord)的道德的批評

關于道德道德觀的構成及變革的觀察(其四)

殺父母與經濟的根據——殺父母倫理化的過程——啓克青族殺父母的習慣——非支(Eiji)羣島殺父母的習慣——依士企摩(Esquimaux or Eskimo)族殺父母的習慣——殺父母爲什麼就會變爲不道德?——霍屯督族(Hottentots)殺父母的習慣,及馬克斯主義唯物史觀的解釋——在什麼地方去求倫理的基礎呢?

殺父母的道德根據,也和殺子的經過同樣。殺父母的動機,不是由于什麼「道德的野蠻」或什麼「動物的殘忍」仍然是由于緊迫的生活必要。澳大利亞的遊牧人民,他們住址常遷徙無定,對於老弱不能行走的男女和小孩,家具等,完全交給婦人管理,年輕的人當遷徙的時候，卽派一先鋒隊向前方，找尋能够狩獵的荒野。假使婦人用種種方法，都不能搬運老弱男女的時候，才把他們棄置于牆下，不管他的生死如何了。其他巴西及阿非利加各種遊牧民族，都有同樣的習慣，因此，我們可以知道：他們殺父母的習慣，確是他們普及的道德了。但是，等他們得了一定的移住地，從事農業(或原始的牧畜)以後，他們的生活方法，也同時變更，卽他們殺父母的道德觀，也因而變化了。這時候，遺棄老者的動機，已不是緊迫的生活必要了，但老者雖達高齡，又沒有什麼疾病和殘廢的時候，那殺父母的習慣，仍舊存在。老人的急死，確是他們一種最幸福的事，也可說是他們半老衰弱的解放。但這種見解，往往和宗教的動機結合。據靈魂學說的解釋：(Animistischer Auffassung) 人類臨終的時候，他的靈魂(精靈)，和死者生前的姿勢一樣。卽小孩在天國的靈魂，仍然是小孩的樣子，勇士的靈魂，仍然是勇士的樣子，老人的靈魂，仍然是老人的樣子；並且生前的悲哀傷害等，死後也是同樣的。所以殘廢的人，在他沒有變爲老弱無力的人以前，死後到天國去，豈不是于他有利益嗎？

因此，這種道德觀，又逐漸發展如下：即是老人還沒有變爲殘廢以前，打發他到天國去，是對于老人很有利益的。所以殺戮老人，就是對于老人的奉侍，就是慈悲的行爲。我們在人類某種發展階級中可以發見各地方各種民族及人種，都有這種道德的解釋。胡拍（B. W. H. Hooper）氏于其著「在塔斯基人天幕十個月」（Ten month among the tents of the Tuski）裏面，記述如次：「我聽說啓克青人的老婦，被她的兒子殺掉了，憤不能平，向啓克青人力說這是一種禽獸行爲，他們完全不懂，對我翻了兩眼，反向我問道：爲什麼不能殺老婦呢？老婦已經衰弱不堪，厭惡塵世，她想減少她自己和她子孫的負担，不願再留世上，所以請她最親近的血族者，送她上天國去的。」又彼得柯爾本（Peter Kolben）在他的「好望角的現狀」（The present State of the Cape of Good-Hope）裏面，記述霍屯督族（Hottentots）的風習如下：「我們責備他們不該做這種無人道的殘忍行爲的時候，他們反驚訝的了不得，向我們說『我們並不是殘忍，你們那種維特殘廢老人的白人，到眞正是殘忍哩』！他們又反問我們道：『你們維持老人的生命，使他們在世上受苦，難道不是殘忍嗎？你們豈忍心看你們的父母或血族者，在年老體衰的時候，受無限的不自由嗎？你們雖是對他們同情，想把他們的幸福增加，誰知幸福到沒有增加，反弄得他們求生不得，求死不能呢？』

在這些部族裏面，不唯年輕的人是這種見解，就是年老的人，也以爲年老的人是一種討厭的負担，所以快些跑到天國去，到是一件善事。因此老人一到了不能行動的時候，就根據傳統的規則，要求他親近的人殺他，假使他親近的人不殺他的時候，他就要罵要打，說他無父子的愛情。所以殺父母就逐漸變爲對于父母的愛的奉仕，子女的神聖的義務了。

這樣的例，還有兩個：非支（Fiji）羣島的風俗，父母極受子女的最高尊敬。但決不妨礙殺父母習慣的普及。大概是父母要求子女殺自己的時候，子女才殺戮父母，其實生埋父母，都認爲道德的行爲。假使父母年老，有親生子的時候，就是老者最親近的血族者，有生埋父母的神聖義務。親生子自己把墓穴掘好，把老者引到穴裏，和他流淚接吻生別，然後把泥土蓋在老者上面，有時也對着老者說些親愛的離別話。則曼（B. Seemann）描寫非支羣島的風俗，極爲確切，現在把他說的記述如下：

「非支羣島有些地方，食糧有餘，不要衣服，而且財產不屬于酋長個人，而屬于家族一般共有的時候，他們子孫並不盼望「死者的靴」（Schuhe der Toten 譯者註：死人所占的位置，或所有物）以增進他們的幸福。假使他們對我們說：他們是由悲哀心和他們父母的諄囑，才生埋他們的父母，——我們都以爲生埋父母是犯罪的行爲，——那末，我們一定不會把他們的話，做爲眞正的話了。」

第二例是極北格林蘭（Greenland）的實例。夫里托約夫南森（Fridtjof Nansen）于其著「依士企摩的生活（Eskimoleben: M. Langfeldt 的德譯第一四二頁）裏面，敘述如下：

「我們對于某國民在某種時代及經驗內發現的見解，決不能因爲他和我們的相矛盾，就去批駁他世界上關于善及正的見解是很不相同的。我想介紹一種事實做爲例證：尼羅斯亞革得(Nils Egede)向依士企摩的女兒，說那對于神的愛和對于鄰人的愛的時候，這女兒說：『我以前也曾愛過我的隣人；她是一個病人，年紀又老，眞是求生不得，求死不能的，她要我引她到很高的斷崖上去，——由這斷崖投身死的人很不少，——並許我的謝禮，但是我因爲愛她，所以沒有受她的報酬，引她到斷崖上面，把她由那裏推下去了。』亞革得聽了，以爲這是罪惡的行爲，卽對那女兒說：『你殺人了，』但是，女兒回答說：『不是，我對于這老媽媽很表同情；我把她由斷崖推下去的時候，我自已也哭了。』」

在經濟方法比較發達的他種階段，這種道德，當然與上述不同了。就是家長制的大家族時代，家族經濟日漸發展，家長變爲家族財產的管理者及保護者，或變爲家族祖神的代理者及祭司，他雖然年老無力，絲毫不能動彈，但是他的人格，就變爲神聖不可侵犯的了。殺父（母親和父親，不受同等的尊敬）的行爲，雖是出于正當防衛，但都被認爲一切犯罪中最大的犯罪，殺父的刑罰，不是普通的死刑，就算够了的。例如在中國古時犯了殺父罪的人，全身都被寸斷，在朝鮮，則被焚殺，在羅馬古時，凡殺了父的罪人，必定把他和一隻狗，一隻牡鷄，一條蝮蛇，一個猴子等，共縫入一個袋裏，然後沈于海或河中。

綜觀以上所說，我們可以知道：道德觀及道德的評價，如何會發生絕大的變化，及在某種發展階段，認爲最高道德性的命命的，到了他種階段，反變爲最大的道德的反抗，或對于神聖道德原理的最大的違背。單純的粗野的習慣常由生活關係發生，並且跟着生活關係的變化而變化的。所以道德這個東西，要獲得普遍的承認以後，才能够由這種道德的證明及正當化的必要，發生某種特定的道德觀。

因此，由社會生活過程發生的道德，是第一次的，所謂道德觀，道德概念，及道德原理——

—據一般的假想，這些概念，是存在道德的根本上的；——的構成，才是第二次的。據馬克斯的解釋：「社會構造，構成觀念（Ideologie）的真正基礎，」這個原則，也可以適用于倫理的領域。假使這原則不謬，那末，由所謂生得的道德本能，或根據理性的道德根本法則內，去求道德的基礎，及道德性的基礎，豈不是本末顛倒的企圖嗎？所以倫理的基礎，非去民族社會的發展過程裏面找尋不可了。

第八章　康德道德法則的基礎及假定

馬克斯派社會主義與倫理——阿德勒（Max Adler）對于新康德派社會主義的批評——馬克斯派社會主義並非完全否定倫理的要求——但是馬克斯主義絕對反對新康德派所要求的倫理基礎——康德與新康德派　對于康德道德法則和現實的社會生活關係問題的批評——康德道德法則明明是豫想某種特定社會（市民社會狀態）的

馬克斯派社會主義，不是立脚于特定倫理學上的。所以馬克斯主義的解釋和要求，——試研究這主義創始者的本意，——沒有倫理的基礎，換句話說：馬克斯主義並不是由一定倫理的要求而發生的。馬克斯主義，是一種社會科學，認定社會生活的一切現象，與對于現象特有的見解，目的觀念及努力等，是由某種一定歷史發展條件的構成物，或在社會的，歷史的見解上受因果律支配的東西。我們關于馬克斯主義的社會學意見互異，我現在把瑪克思阿德勤（Max Adler）的意見引用一下：阿德勒氏于其著「馬克斯主義的諸問題」(Die Marxistische Probleme 1913 第一四二頁）裏面，對于新康德派社會主義者的批評，很是得當。他們以爲馬克斯派社會主義，是建立于康德倫理學的基礎上面，退一步言之，他們也想在康德倫理學上面，去求馬克思派社會主義的基礎。他說：

「假使福冷得及新批評主義者，贊成用康德的實踐哲學，來補足馬克斯主義，又或以康德倫理學，爲現代社會主義的基礎，那就必定遭馬克斯主義者的反對。我雖是贊成康德理論哲學及實踐哲學的人，但絕對不承認社會主義和康德倫理學相接合；又或由新康德派運動，擴張到馬克斯主義。馬克斯主義意味上的社會主義，是一種歷史的，社會的運動，又這主義的本身，當然不是物理的，是社會的。但這是說；自然現象的社會主義，也和其他種種自然現象一樣，除了單純的事實——不是價值——以外，沒有可以考察的。雖然如此，也不能不承認社會主義是一種價值，並且是將來發展的產物。此事此處不須詳說，擬于以後再論。

馬克斯主義，實在就是一種社會科學。馬克斯主義的特徵，就是說明社會主義，是由歷史的條件生成因歷史的發展所促進的。因此，馬克斯主義，就不得不把社會主義和歷史運動事實結合，而附以因果的基礎。所以把一切事物，附以倫理的基礎，都是表示他的科學方法已有破綻，又是表示他把康德所區別的理論的經驗，和倫理的要求，互相混同的了。」

馬克斯主義，不是發生於倫理的要求，阿德勒以爲若說馬克斯主義只要是純粹的馬克斯主義，那就非反對一切倫理的基礎不可了。馬克斯主義雖反對倫理的基礎，但並不完全否認倫理的要求；馬克斯主義的社會考察及社會觀，和對于社會協力各體系的考察及批評的分析同樣也有一定倫理的評價及要求。例如，據馬克斯的解釋，個體是社會的一個成員，因爲個體和社會有密切關係，所以發生各個體對于社會的犧牲思想；換句話說：只是在社會發展過程中，那個體才能够算爲社會的一個成員，這成員對于社會當然有犧牲的精神了。犧牲精神發生以後，又發生連帶行爲的要求，及以社會的生活條件，及社會的幸福爲前提，而把個人私利置于腦後的精神。這種根據馬克斯的社會觀，倫理觀，及倫理的要求，都被利用于社會主義運動及政治鬥爭，並且由某方面，懇切的要求這種倫理觀，所以由馬克斯主義的見地說來，也毫無反對的餘地。據我個人的見解：馬克斯派社會主義理想的道德的內容，如果在對于他種黨派的議論 (Agitation) 及論爭 (Polemik) 上，明白的表現而且極力的主張的時候，就可以拿以上所說的議論，來應用了。但是康德派倫理學者所提出的「社會主義，要以倫理學爲基礎，才是正當」的意見，——即「馬克斯主義非有倫理的基礎不可，因此，只有康德倫理學，可以做這主義的基礎」的意見，——和馬克斯主義不完全否認倫理的要求，完全是別樣東西。

這班康德派學者，要求于馬克斯主義，附以康德倫理學的基礎；他們的動機，差不多完全和康德的動機相同。康德的動機，以前曾經說過，就是經驗的道德原理，變爲普遍道德法則的基礎，又經驗的道德原理，決不能附與各人以爲必要的一切命令的權威。這種動機的理由如下：即是由一時的經驗構成的道德法則，當然只能要求一時的妥當性，不能做爲超越一切時代變化無窮的倫理的道德的內容（最高道德原理）而要求永久的妥當性。此外，還有一種事實，可以說明這是康德派學者的眞正動機。這班倫理學者的注意，並沒有集中于康德所計畫的一種倫理的論理學上面，反集中于所謂「叡智界」上面。由叡智界發見最高道德原理，本是康德的特別的計畫，所謂「叡智界」，卽是物體本身不可認識的世界，康德欲由這裏發見對于人類「意欲」及「行爲」的直接規定，做爲最高道德原理；這個道德原理，據康德自己說，是道德問題的「正當評價的指南，及最高規範」，也就是對于各時代人類，可以適用的「普遍妥當的實踐的道德原理。」若欲由超越一切經驗的不可認識的抽象界，或純粹精神的抽象界想發見我們經驗界所認爲妥當的一定實踐行爲的標準律，那確是一種自相矛盾的企圖。新康德派學者，考究對于人類的「意欲」及「行爲」的某種確實價値判斷標準時，完全沒有注意到上述的論理矛盾，大概將康德「道德法則」的公式，認爲金科玉條。他們尤其歡迎康德的「實踐理性批評」裏面所述的公式，——「你的意志的標準律，同時又要是普遍立法的原理，你須照着這個原理而行爲。」據康德自己的見解：這種道德法則，和我們的感覺界獨立，對於有理性及意志的一切存在者，都有妥當性，並且是最高叡智，包括無限的存在。

其實這種永久的道德法則，不外古道德格言所謂：「你對于他人，也要像你想他人對于你一樣的，而行爲」的變形，只多着一個哲學的帽子。換句話說；不外是：「己所不欲，勿施于人」一句古諺的命題罷了。這種諺語，不用說，是由一定社會狀態的表象，及社會狀態的道德評價出發的，而康德的道德法則，也是同樣。康德雖說：這種法則，和一切經驗及一切時間的制限無關，但是一個人對于他一個人，「不能以某種特定方法而行爲」的時候，第一就必須要有這種「他一個人」存在，並且非和這「他一個人」交際不可。，再又非有社會共同生活不可，而且非有一個人的幸福和他一個人的幸福結合，互相依賴的某種樣式不可。因爲如果沒有以上各種條件，那「……施于人」……云云的命令，就沒有對象了。此外，上述康德道德法則所要求的行爲以外，又必須要有意欲及行爲的可能性：因爲，假使不是這樣，則一切人的努力，必須追求同一的事物，或爲社會的結合，而必然的追求同一事物的時候，則「……施於人」的命令，必定失却目的了。所以康德的道德法則，就是假定各種不同的意向，及努力互相對立而分化的社會所發生的。在這種社會裏面各個人非追求本質上不同的目的不可。又各個人對於一定目的的努力的時候，各人須把各人的特別目的犧牲而互爲讓步。因爲假使各人不能夠把他人看做是目的的手段的時候，康德的道德法則之他種公式所提出的要求——「你須照以下這樣行爲：無論在你自己或他人，通要把「人類性」當做是個目的，決不許只把他當做是一個手段」——必定沒有什麼意義了。其次，如果各個人在自己及他人的人格裏面，都覺得他人和自己是同一種類的人類，希望於這裏面發見有自己本來目的的一種存在物，那末他當然會感覺對於人類尊嚴的一種感情及某種人格意識了。他方當人類行爲的時候，無論他是有進步抽象力的人，（古巴人澳大利亞黑人等還沒有這種力），或認識人類意志隸屬於所謂社會意志或普遍意志（盧梭（Rousseau）所謂（Volonté générale）的人，都一定會問他的行爲標準律同時是否即爲普遍的法則。

因此，康德的道德法則，可說是在某種特定社會狀態裏面文化人生活的法則切實說來，康德的道德法則，就是由那「市民社會」及生活於這社會的平均人所發生的，他於他的演繹裏面已無意識的明白說過了。當他想證明他的道德法則適用性的時候，就以他那時代的市民關係做實例。例如「實踐理性批評」第一章第四節所說事例的證明法，如次：

「什麼形式的標準律，才適於普遍的立法？什麼才不適於普遍的立法？常識都能判別得出來。例如，我把「以各種確實手段來增加我的財產」做爲我的標準律。假如現在有人寄存物品在我手內，該物品的所有者已經死去，並沒有什麼關於該物品的證書存留。這時候，對於實行我的標準律，不用說是很好的機會了。現在我不過想明白找尋這標準律，是否與普遍實踐的法則相符合。所以我把這標準律，做爲適用於現在的時候，然後再研究這標準律，是否合于法則的形式。換句話說：我根據我的標準律，就自己問自己道：「凡人都可以說那沒有證據的寄存品，不是寄存品嗎？」但是，我即時就能够證明我這種原理，絕對不能變爲法則。因爲倘若這樣做去，所謂寄存品，一定會絕跡的。我所認爲「實踐的法則」必須要具備普遍立法的性質，是自明的道理。所以，如果我說：我的意志服從實踐的法則，我就不能把我的傾向，（例如現在我的貪慾）做爲適合於普遍實踐法則的意志規定的原理，因爲假使我的傾向要適用於普遍的立法，是一個大錯誤，那末，我的傾向，在普遍法則的形式裏面，非自己消滅不可了。」

第九章　康德及馬克斯的道德理論

康德對於社會及歷史變動的茫昧——奴隸所有是普遍立法的原理嗎?——康德自己的欺瞞與其根據——康德沒有辯證法的思考又蔑視道德的社會性——康德的個人觀社會觀（個人與社會的關係）——康德只曉得個人和社會是相矛盾的——馬克斯的個人觀社會觀——康德和馬克斯的個人觀社會觀的差異反映於他們的道德觀倫理觀的上面——由馬克斯的「社會」概念當然會發生「社會」道德及「階級」道德

康德只注意他那時候的社會環境，所以對於以下的事實，完全沒有了解：即，某種行為的標準律，是否適於普遍的立法的問題，因各種社會生活關係，或因種類不同教化各異的人類，當然會有各種解答。例如，在今日資本主義社會，如果有人質問各人對於土地所有的標準律，例如「有勞動能力而無財產的人，就要許可他由國有地或共同團體所有地，取得養育他家族的土地」這種標準律，是否適合於普遍立法的原理，那稍有知識的人，都會否定這種質問。因為今日的國家，沒有充分的國有地，來滿足這種所有。又如果有人以同一質問，向美國土人及美拉尼西亞人——這些部族，可以自由占領一地域，以事收益，——求其解答，那結果必定和以前相反了。他們當然無條件的肯定這種質問。印加祕魯人（Incaperu）在符號結合團體制度階段的時候，凡結婚的團體員，對於各符號共有地，都有要求分與一定大小的權利，所以他們對於前述的質問，也必定有肯定的答復了。

再舉一例：假使某人對於組織種族團體，而且實行純粹自然經濟的民族，質問他們：放債取利息的行為，是否能夠算為普遍的法律原理時，他們必定不知道如何答覆的。但是，今日資本主義國的實業家們，當然會不假思索的說：「放債取利息，還有質問的價值嗎？」有些資本家，或者附加一句說：「但是，放債取利息，當然是不能過重，以免墮落為惡劣的剝削者。」關於取重利的債主的意思，各人有各人的見解，不能一致，如果再向那經濟比較不發達的階段的商人說明這個意思，他們的意見，必相差更遠。例如古代巴比倫尼亞（Babylonia）人，以二分利息為普通利率，古代埃及人以二分五厘至三分為通常利率，雅典人在蘇格拉底（Sokrates）時代，普通利率為三分六厘，西塞祿（Cicero）與阿替卡斯（Atticus）信中說四分五厘是一般利率；徵之後世羅馬帝政時代的文獻，也記有二分五厘至三分的利率。現在的半開化民族，大概也有三分至五分的利率。

此外，還有一例：奴隸的所有，是否適合於普遍的立法原理呢？據康德的意見，當然說不適合。今日文明人大多數的見解，也是相同。但是，在某種經濟階段，（例如農耕及家畜經濟階段，或狩獵及漁魚經濟階段）奴隸制度，很是普遍的。古代民族，大概認定奴隸制度，是自然的，正當的，或不可缺少的。亞理斯多德（Aristoteles）在他的「政治論」（Politeia）裏，稱奴隸制為社會的必然，又謂奴隸是國家及社會不可缺少之物的基礎，誰人都知道的。因爲自由市民，須自己勞動，以維持生計，自由民若欲研究科學，完成藝術，或參與國政等，則非有奴隸爲臂助不可。

此外，亞美利加合衆國的黑奴，當初發生的時候，不唯該國南方農園所有者，贊成這種制度，即號稱精神的（或用當時的概念來說：「道德的」）人士，也很有擁護這種制度的。這些人士裏面，大概都是偉大的美國政治家，舊教及新教的僧侶，高等裁判官，及學者等等。他們說：「黑奴制度，是上帝的意思，是基督教的幸福；所謂奴隸廢止論者的運動，不過是宗教的迷妄，或野蠻道德的證據罷了。」查理斯敦（Charleston）卡羅來納（Corolina）州的加特力教僧侶，英格蘭（England）博士，〔據托馬斯帕刻（Thomas Parker）所說〕力說加特力教會，是古來的奴隸制度遵奉者；又南卡羅來納州知事馬克逵非（Mc Duffy）呼奴隸廢止運動的領袖，爲「人類的敵人」，應以死刑來處罰他們。

因此，如果康德以爲常識能够辨別「標準律是否適于普遍的立法」，則是自己欺瞞自己了。因爲，（第一）康德沒有辯證法的思維，所以只用道德的形式的「理性的」特性，來考察道德，並沒有用道德的變動的社會的意義，去考察道德，而且並沒有用道德和歷史的社會狀態的關係去考察道德；（第二）康德在人類裏面只能看出自然性，——即以自然賦與人類的理性爲基礎，而獨立判斷的性質，——或至多亦不過看出種族性，而沒有看出馬克斯所主張的社會性。（人類的感情，意見，及解釋，受歷史的社會環境支配，所謂社會性，受這種環境的影響，因時代不同，對於同樣道德的評價，也就不同。）

馬克斯及康德，解釋人類對於社會的關係，其出發點，根本不同，但是那些新康德派還用康德倫理學去辯明馬克斯主義，又或用康德的道德法則，去補足馬克斯主義，所以結果，種種計畫，都是全歸泡影。他們除非把馬克斯學說的重要部分抹殺或完全曲解，才能够稍爲達到目的。

康德的社會觀和馬克斯的社會觀，完全不同。康德以爲：社會不過是由多數個人構成的集合體，所謂「總合體」或「普遍體」便是。他並沒有區別社會和國家，或社會和共同狀態社會。反之，馬克斯則以為社會是為欲望及滿足慾望而適用的特定經濟關係的體系，(System)（各個分散勞動活動間的體系）社會內部，有一貫串的共同狀態（國家，民族，教會，階級等的共同狀態）存在。所以康德所知道的，不外是個人和社會間的矛盾，因此他的倫理問題，只注意在個人和社會之間，設立某種調和，引申之各個人對他人行為的時候，只要求他遵奉「公認為普遍的立法原理」的根本命令，換句話說，要求其他社會成員也不可破壞社會關係及社會協力，而遵守根本命令罷了。但據馬克斯的見解：不唯個人和社會之間有對立，（矛盾）即社會內部的共同狀態相互間，又這種共同狀態和社會本身之間，也有矛盾。因為這些共同狀態，都有他們自己特別的生活條件及發展條件，所以他們當然也有他們自己特別的利益。以此，道德問題，並不是像那在個人和社會之間，設立某種調和的單純問題，他的內容，比這更加複雜，更加困難。因為這問題想在這些對立矛盾之間，發見、能够使社會，——再大點說——使全人類，向更高的發展階段，自由發展的調和。

第十章　社會道德階級道德及國家道德

考茨基（Kautsky）對於「社會道德」「階級道德」的見解及其批評——馬克斯恩格斯所觀察的「階級」「國家」與「社會」道德的關係——社會道德反應該服從階級道德國家道德——恩格斯在他「反雕林論」上所述的見解——依據各種事實證明「階級」道德「國家」道德的優越性

康德的倫理觀與馬克斯的社會觀矛盾的事實，考茨基——但他也沒有完全說明這社會觀的特質——已明白認識了。他于他所著的「倫理與唯物史觀」(Nthik und materialistische Geschichtsauffassung）裏面說明社會道德及階級道德，又闡明道德理想與階級地位的關係，足以證明這種事實。但考茨基從前曾在「現代」(Eeue Zeit) 雜誌上（一九〇三——四年第一卷第五頁），發表一論文，論及所謂社會道德和個個共同狀態社會道德之間的對立關係。茲摘錄如次：

「各社會形態，都有共通的經濟法則，同樣，各社會形態，都有共通的道德原理。道德原理中，最重要的一種，是對於朋友誠實的義務。我們對於敵人，決不承認有這種義務；反之，對於同等的朋友，若沒有這種義務，則決不能夠有互相協力的精神。這種義務，最適合於無階級的，平等的，一切社會，又可適合於有階級對立的社會內部由階級成員構成之一切特殊的黨派。欺騙黨員的行爲，只許在兩階級——其中一方想利用他方，而和他方協力的，——協力的黨內實行。」

據我的意見，考茨基的論文中，有許多不適當的說明，和種種的招誤解的言辭。但這不是由馬克斯的社會觀所生的推論，乃是考茨基氏考察結果的敘述。然而這些言辭，不用說是根據馬克斯的解釋——社會與共同狀態社會間的關係——而來的。據馬克斯底解釋，國家，國家國民，階級，身分職業，黨派，這些各個共同狀態社會，都有各社會特殊的生存條件，及由這種條件發生的特殊的道德國家階級，身分，職業，黨派的道德，和普通一般的社會道德一樣，同時存在。這些國家階級等道德之間，與個人道德和社會道德之間相同，有種種對立的關係。因此，假使各個人和他所屬共同狀態社會的同伴，立於同等或類似的生活條件下面，而且和這些同伴關係密切的時候，他的共同狀態社會的道德比較一般的道德，都要正當，都要的確，都要高尙的。

據馬克斯及恩格斯的見解：兩種道德互相衝突的時候，一般的社會道德，不能使共同狀態社會的道德，無條件的從屬他，換句話說：一般的社會道德，不必一定比共同狀態社會的道德優越的確。所以，兩種道德互相衝突的時候，那「國家道德或階級道德，必須要服從社會道德」的要求，就不能提出來了。這種國家道德階級道德，能夠包含社會進步的要素，而社會道德，到往往沒有這種要素。所以在這種時期，據馬克斯底見解，階級道德，或國家道德，不應該服從社會道德，而社會道德，反應該服從階級道德及國家道德。恩格斯已于「反雕林論」（第六版第八八頁）內說明過了。茲摘錄如下。

「然則，今日的狀態，到底是什麼樣呢？現在對我們說教的，到底是什麼道德呢？現在所有的道德，可說是由信仰深沉的前古時代傳來之基督教的封建的道德罷了。這種道德，本質上分爲舊教和新教；新教又細分爲耶穌的（加特力的道德及正教的）或新教的道德，又細分爲寬容的或啟蒙的道德。和這些道德平行並列的，有近代資產階級的道德，及和資產階級相對的無產階級的道德。（未來的道德。）因此，在最進步最文明的歐洲諸國中，過去現在及未來，同時有平行並列，遙遙相對的三種道德說流行。那一種是眞的呢？所以，在絕對的終極意味上，決沒有唯一眞正的道德。但是，在今日代表現在的變革，即代表未來的道德，——即勞動階級的道德，——有大部分的要素，是有永續性的。」

以此，我們就知道；任何時代的社會道德都不能作爲共同狀態社會道德的標準試觀原始民族，在某一部族內認爲最不道德，遭社會唾罵的行爲，若行于他一部族的時候，不唯認爲是道德的行爲，而且認爲是最高命令的行爲。同樣的事實，除却幾個制限外，又可以適用於文明人。例如今日兩敵國各爲自己特殊利益互相戰鬥的時候，能够在戰場殺戮多數敵人的，就算是英雄，如果有人說：這殺戮多數人的勇士，是不道德，反受社會的侮蔑；又如自己被俘虜後，把自己方面軍隊的位置及兵力等作虛僞的報告，去欺騙敵人，使敵人中計，致招失敗的行爲，在敵方視之，自然是不道德的行爲，而在自己方面，就不得不算爲賢明的愛國者了。所以在今日，假使單以一般社會道德的標準，來測定這種行爲是否正當，那就足以證明：這是對於道德的發生及發展條件，毫無思慮（研究）的了。

第十一章　康德道德法則對于階級道德的關係

對於康德道德法則的疑問——曝露康德道德法則的客觀的不可能性——「現代」雜誌上考茨基和寶厄的論爭——考茨基批評康德的倫理學——康德倫理學對于勞動階級階級鬥爭的解釋——這種解釋結局是擁護資本階級的——康德道德法則的缺點——結論

兩個相異的共同狀態社會間發生道德的對立及衝突的時候，如果我們依着康德的見解，質問：「標準律是否能够適合于普遍的法則？」時，我們可以知道根據那康德的道德法則，當然不能有完滿的答覆，或明確的決定了。這時候某種特定行爲，也許在某種狹隘的共同狀態社會領域（即如在階級，身分，國民，國家等領域）裏面可以適合于所謂普遍的立法原理。但是那特定行爲，决不能超越這些領域，適合于全社會，全文明人，或全人類的發展階級。例如，能够適合于現代工商業國，但不能同時適合于霍屯督族。假使實踐者不能滿足：由普遍的，不定的現實生活，抽象的演繹出來而發見具體的衝突時候，他就會生出以下種種新疑問：即，在普遍的立法下面，能够理解的是什麼東西呢？如果行爲基礎的標準律，在一定階級或國民的範圍內，公認爲國民或國家範圍內的法則；又或那標準律不論生活關係及生活條件上有無差異，可以適合于全人類時，那種行爲就能够充分公認爲有道德的資格嗎？又如果某特定的標準律，不能適合於自然民族及半開化民族的普遍法則時，難道就不能適合于今日文明民族的道德標準律嗎？

康德自己對于以上這些疑問，不能解答的原因，就是因爲康德沒有區別社會，國家，民族，國民，階級等，而且完全用些不定的普遍概念，來說明道德法則。由康德所提出的「道德法則，沒有空間及時間，而且對于一切理性的人類，都有妥當性」的意見，就必定生出以下的結果：即在德國，英國，或俄國認爲實際的道德標準律，也可以做爲中國人，班圖（族）黑人

（Bantu）或巴布亞（Papua 即新幾尼 New Guinea）人的立法原理了

康德道德法則的客觀不可能性，不必在遠隔的沙漠地方，或跨過大洋，去求證明，即于階級分離的今日社會也可以找得出來。據馬克斯的主張今日的社會，分裂爲數階級，各階級都各有各的生活關係及利益，階級意識，及階級道德。所以這些階級的道德規範及標準律，各各不同，這是毋庸疑義。因此，我們要求「某階級的成員，不應該照着他所屬階級的道德原理而行動，應該照着適合于普遍立法，而且公認爲全社會或全人類的道德原理而行動，」簡直可謂是毫無意味的。又是把馬克斯的階級理論丟開一邊的要求。康德所以有這種要求，是極容易了解的。因爲他只知道個人和社會（普遍體。）馬克斯所主張的有機的共同狀態社會概念，及階級概念，不能在康德社會哲學裏面找得出來。理論如此，事實又如彼，那班掛着馬克斯主義招牌的理論家，還要認康德的道德法則，是普遍的最高道德規範，把這種道德法則，接木于馬克斯主義，豈不是很奇怪的事嗎？據我的意見：這班理論家的主張，可以證明他們與其說是馬克斯主義者，不若說是康德主義者，再又可以證明他們完全沒有理解馬克斯底社會觀。

有一個極好的實例，可以表示這班新康德主義者。主張康德倫理學所以補正馬克斯主義的理由。一九〇六年考茨基（Karl Kautsky）著「倫理與唯物史觀」出版的時候，那些馬克斯主義的新康德派，立刻攻擊他的論說。這正不是因爲該書沒有馬克斯主義的色彩，實是因爲該書輕視康德及康德倫理學的緣故。鄂圖寶厄（Otto Bauer）也是這些批評家之一人。寶厄在「現代」（一九〇五——〇六年第二卷第四八五頁）雜誌上發表一論文，他說：「勞動者若要知道黨的道德方針，必須要根據康德的道德法則。」他引用一個失業勞動者的質問來證明他的主張，確是不錯。他說：「那失業勞動者問他『我可以襲擊自己的夥友，破壞罷工嗎？』他就答應說：「如果你繼續資本家所供給的地位，——這地位是罷工者所不承認的，——你的行動和你的利益，必定會相反，」但是勞動者聽了這話，似乎沒有懂得一樣，于是他（寶厄）又對那勞動者說：「如果你繼續你的工作，你的行爲，必會和你所屬的階級利益相反，因此就和你自己的利益相反了。」但是勞動者聽了這話，似乎還不能明白，不能決定一樣。因此寶厄氏就把考茨基的著書爲基礎，向勞動者說明：「破壞罷工，是不道德的行爲」的理由。此外又對勞動者說明階級道德的命令，及指示現在是社會本能和自己保存本能衝突的時代，並且告訴他：勞動階級的倫理，勞動階級的未來，及階級鬬爭的不可避免性等。

寶厄氏說：那勞動者起初還傾聽他的話，到了後來已聽得不耐煩了，突然打開門，似乎要跑掉的樣子，于是他就利用這個機會，向那勞動者莊重的說：「我以前對你說的，是考茨基的意見，現在我再告訴你眞正倫理學者康德的意見！」說着，也沒有詳細的解剖康德道德法則給勞動者聽，勞動者就靜悄悄的走出去了。

以上即是寶厄所引的實例，他說了這些話後，就不說了，勞動者就靜悄悄的去了，這豈不是很奇怪的舉動嗎？考茨基在「現代」誌上（一九〇五——〇六年第二卷第五一七頁）以嘲笑的方法揶揄寶厄這種斷念很是得當，玆引用如次：

「那失業者沒有聽寶厄的談論，就跑掉了，是很可惜的。總之，寶厄氏相信康德倫理學能够補足我的倫理學。他又以為：倘若不由我的倫理學引用數句話，而由康德的「實踐理性批評」引用數句話來對勞動者講演，那末這「不知所從」的勞動者，必定能够得到滿足的解答，而且知道應該做什麼了。

我很希望寶厄先生，當他的友人某氏下次來訪問他的時候，即時把康德的講義講給他聽，不要等到那求救的走了以後，再想起康德的命法。要是這樣，我才可以再附加幾句話。但是，這種講義效果的實際經驗，可謂絕無僅有，所以我們只有用理論的方法，來推量他的內容便了。」

於是考茨基就用推量方法，說明康德的道德法則，對於勞動者在失業狀態時，勞動者應取如何態度，或如何行動，都沒有明白指示，即；

「康德的「純粹實踐原理」說；『你的意志的標準律，常變爲普遍立法的原理，使你必須照着這普遍立法原理而行爲。』

假定這個命題，對于失業者與以深刻的印象，使他決心照着這命題而行爲。然則，這失業者到底能够照着這命題決定做去嗎？使妻子頻于飢餓的事情，也能够變爲「普遍立法的原理」嗎？他方，無論在什麽狀態下面，都不背叛夥友，是道德的義務嗎？俄國兵士在內亂的時候，脫離自己的同伴，對軍隊發砲，是不道德的行爲嗎？在能工的時候，若工廠主脫離他們的組合，並反對該組合的行動，而承認勞動者的要求時，是不道德的行爲嗎？又或醫生同盟能工的時候，醫生不能拒絕診察已病的勞動者，也是不道德的行爲嗎？

康德的最高命令，有人說是我們行爲中無條件的普遍規律；但嚴密的考察起來，在今日社會範圍裏面，無論如何，都是不能實行的，且係不可能的。因爲這最高命令，不能如寶厄所想的一樣，只有單純形式的性質；這最高命令所假定的，是一種特定的社會，在這社會內，普遍立法，是可能的，而且是由各個人單純的善意志所構成的。康德的「純粹實踐理性的原理，」在我們現在的社會上，凡「普遍的立法，」（卽是對于各個人的要求無矛盾的體系）要有可能性，而且各個人的意志也要自由，才能夠成立。康德把社會內的對立，只歸結于個個人類內的矛盾，卽人類的社交性與非社交性間的對立，卽『人類的非社交的社交性』。這種見解，康德在他所著「一般歷史的概念」（Idee u einer allgemeinen Geschichte）裏面，曾經說過的。總之，康德對于以下各種事實，完全是夢想不到的，卽所謂「社會的對立」是由各個人的意欲及意識獨立發生的因素裏面生出來的；所謂「社會的對立」不僅是各個人的對立，而且是階級的對立；最後，所謂「社會的對立」不必常常與個人對于他所屬的共同狀態社會的義務衝突。」

考茨基以上的論說，據我個人的意見，是極正當的。寶厄對於維也納勞動者的質問，或者間接以康德的道德法則回答他，也未可知，但是，那勞動者聽了這種話，一定會再行跑出去。而且這次他跑去的時候，不會靜悄悄的，他一定會說「請你好好收起康德的道德法則罷！」

對于該勞動者質問應否破壞罷工的問題，我們若根據康德的道德法則說來，同盟能工，是否勞動階級的特殊階級倫理上所承認，或附有特權，又是否可做爲道德命令的行爲，都未詳細研究；單只考究罷工的標準律，是否適合于普遍的法則的問題，換句話說：即是考究全人類間的普遍的個人，——男與女勞動者與自由職業者，官吏與職工，商人與農民等等，——是否都有罷工的權利。這種罷工，無論在今日社會，封建社會，或原始社會，——食糧貯藏不多，一般的罷工，即可以引起一般生活手段的缺乏及飢饉的社會狀態，——決不能變爲普遍的實踐，這是極爲明瞭的。假使罷工不能算爲道德的行爲，換句話說：假使罷工行爲，據康德道德法則的要求是社會的「不道德」，違反這不道德的「破壞罷工」當然不能說是「不道德的」了。

把康德的道德法則應用于階級道德的具體問題，做爲價值判斷標準的時候，歸着于什麼地方我們都知道的。因爲這道德法則完全由某種特定的社會觀發生的，而且把某種特定社會形態內的特殊個人相互關係，假定爲普遍的大衆相互關係，以供考察；所以這道德法則，只能在這種特殊關係的地方通行。如果硬要把這種道德法則，應用于國家民族，身，分階級等對立所生的道德問題及衝突，就一定會生出不通的理論來。因爲康德做夢也沒有想到所謂社會的矛盾（對立），是由各個人的意欲及意識獨立發生的因素裏面生出來的，考茨基的論說中，已說明過了。

總之，馬克斯與康德，由根本不同的社會觀出發，這種出發點不同，那關于倫理問題的

解释，也當然不同了。(完)

一七，三，二七。

中華民國十七年九月初版

馬克斯的倫理概念

原著者 Heinrich Cunow
翻譯者 朱應祺 會
發行者 趙南公
印刷者 泰東圖書局印刷所
總發行所 上海泰東圖書局
分售處 各省各大書局

印數1—2000冊

定價大洋四角 外埠函購郵費加一